Tayo P. Ogundunmade

NLP E APLICAÇÕES DE EXTRACÇÃO DE TEXTO EM R

NLP E APLICAÇÕES DE EXTRACÇÃO DE TEXTO EM R

Tayo P. Ogundunmade

Departamento de Estatística, Universidade de Ibadan, Nigéria.

1. Introdução

O processamento de linguagem natural (PNL) é um domínio especializado da inteligência artificial (IA) que se ocupa da interação entre os computadores e as línguas humanas. Reconhecida pela sua proeza na computação estatística e na análise de dados, a linguagem de programação R fornece uma biblioteca e um conjunto de ferramentas robustos para aplicações de PNL e de extração de texto. Este livro examina os fundamentos teóricos da PNL e da extração de texto, fornecendo exemplos ilustrativos para elucidar as suas aplicações no mundo real.

1. OProcessamento de linguagem natural (PNL)

Um subcampo da inteligência artificial (IA) chamado processamento de linguagem natural (PNL) dá aos computadores a capacidade de compreender, produzir e modificar a linguagem humana. O processamento da linguagem natural (PNL) permite a consulta de dados através de entradas de voz ou de texto em linguagem natural, um conceito muitas vezes designado por "linguagem in". Esta tecnologia versátil é aplicável a todas as línguas humanas e é compatível com as formas de linguagem escrita e falada [1]. A pesquisa na Web, a filtragem de spam no correio eletrónico, o software de tradução de voz e texto, o resumo de documentos, a análise de sentimentos, a verificação gramatical e ortográfica e a tradução de documentos são algumas das aplicações que utilizam o processamento da linguagem natural (PNL). Algumas aplicações de correio eletrónico, por exemplo, utilizam o processamento da linguagem natural (PNL) para ler, interpretar e responder a mensagens com base apenas no seu conteúdo.

A geração de linguagem natural (Natural Language Generation - NLG) e a compreensão de linguagem natural (Natural Language Understanding - NLU) são dois conceitos estreitamente relacionados que são frequentemente considerados sinónimos de PNL. A NLG centra-se na geração de linguagem semelhante à humana como os computadores, enquanto a NLU envolve a compreensão da linguagem humana pelos computadores. Em conjunto, estes componentes fazem parte integrante do domínio mais vasto da PNL, permitindo que as máquinas interajam com a linguagem humana e a compreendam de forma mais eficaz. A NLG pode narrar verbalmente acontecimentos ou fornecer descrições orais de ocorrências. O processo de resumir Informações cruciais em texto, empregando o conceito de "gramática de gráficos", é muitas vezes referido como "language out". A NLU está frequentemente associada à PNL [2]. Diz respeito à capacidade dos computadores para compreenderem a estrutura e o significado das línguas faladas, facilitando a comunicação e a colaboração entre utilizadores e programadores com computadores que utilizam a linguagem natural.

O domínio da linguística computacional explora os aspectos computacionais da linguagem humana, enquanto o processamento da linguagem natural (PNL), enquanto disciplina de engenharia, se dedica ao desenvolvimento de sistemas computacionais capazes de compreender, produzir ou modificar a linguagem humana.

A PNL tem origem tanto na linguística como na inteligência artificial, e o seu estudo começou pouco depois de, nos anos 50, se ter assistido ao desenvolvimento dos computadores digitais. No entanto, a aprendizagem automática, um subcampo da inteligência artificial que cria sistemas que aprendem e generalizam a partir de dados, tem sido a força motriz por detrás dos principais avanços dos últimos anos[3].

2.   0Extracção de texto

O processo de transformação de texto não estruturado em dados organizados para uma análise simples é designado por extração de texto, por vezes referido como análise de texto. O processamento de linguagem natural (PNL) é uma técnica utilizada na extração de texto que permite aos computadores compreender a linguagem humana e processá-la automaticamente. Normalmente, este procedimento implica os seguintes passos:

Determinar que texto deve ser extraído. Preparar o texto para a extração. Guardar todos os ficheiros que contêm o texto numa única localização, caso existam vários ficheiros. Encontrar o campo nas bases de dados onde o texto está contido.

Explorar o texto para encontrar informações organizadas. Aplicar o texto original aos algoritmos de extração de texto.

Criar modelos para conceitos e categorias. Decidir sobre as ideias principais e/ou desenvolver categorias. Os dados não estruturados produzem normalmente um número relativamente elevado de noções. Escolher os conceitos e categorias de pontuação que funcionam melhor.

Examinar os dados organizados. Utilizar métodos convencionais de extração de dados para encontrar ligações entre os conceitos, como a classificação, o agrupamento e a modelação preditiva. Para prever o comportamento futuro com base nos conceitos, combinar os conceitos extraídos com dados estruturados adicionais [4].

2.   2Pré-processamento de texto

A preparação do texto é o primeiro passo que deve ser dado em qualquer projeto de PNL que envolva a transformação de dados em bruto num formato adequado para análise e previsão. O pré-processamento do texto de entrada tem por objetivo normalizar e organizar os dados de texto, eliminando ou minimizando o ruído e a imprevisibilidade. Esta otimização aumenta a eficácia e a eficiência dos modelos de PLN, permitindo-lhes concentrar-se na informação importante e pertinente incluída no texto [5]. Várias técnicas, incluindo stemming, tokenização e remoção de palavras de paragem, são utilizadas para pré-processar dados de texto.

Modelos de saco de palavras: Um saco é semelhante a um conjunto, exceto que mantém o registo da frequência com que cada membro aparece. Estes modelos vêem os documentos como colecções não ordenadas de tokens ou palavras.

Remover palavras de paragem: Um token não processado é referido como uma "palavra de paragem". Normalmente, são termos breves e de uso comum, como "a", "o" ou "um". As palavras de paragem são normalmente ignoradas pelos modelos de saco de palavras e pelos motores de pesquisa, de modo a minimizar o tempo de processamento e o tamanho da base de dados.

Etiquetas para partes do discurso e análise sintáctica: A prática de marcar cada palavra com a sua parte do discurso (substantivo, verbo, adjetivo, etc.) é conhecida como marcação de parte do discurso (PoS). Um analisador sintático mostra as relações entre as palavras para criar orações, frases e frases completas [6]. A tarefa de etiquetagem de sequências, conhecida como etiquetagem PoS, e a tarefa de etiquetagem de sequências alargada, conhecida como análise sintáctica, são ambas realizadas utilizando redes neuronais profundas, que constituem a tecnologia mais avançada para estas tarefas.

2.   3Tokenização

Qualquer pipeline de PNL começa com a tokenização. A tokenização divide o material não processado, como uma frase ou um documento, numa série de tokens, como palavras ou subpalavras individuais. As sequências de texto que ocorrem frequentemente e que são tratadas como unidades atómicas no processamento subsequente são conhecidas como tokens. Os tokens são representados por caracteres simples, prefixos como "un-" ou sufixos como "-ing" em inglês, ou mesmo elementos de subpalavras conhecidos como morfemas. A lógica da tokenização tem um impacto significativo no restante do seu pipeline. A tokenização é o processo de dividir dados não estruturados e textos em linguagem natural em bits de informação discretos [7].

As ocorrências de tokens num documento podem servir como uma representação vetorial direta desse documento, permitindo que os computadores iniciem várias actividades e reacções úteis. Estas representações podem ser utilizadas diretamente ou incorporadas em pipelines de aprendizagem automática para análises ou acções mais sofisticadas. A tokenização, que envolve a segmentação do texto em unidades mais pequenas, facilita a compreensão da linguagem humana pelas máquinas, simplificando a análise do texto[8].

Métodos de tokenização

Existem vários métodos de tokenização. Tokenização de palavras: O pacote 'tokenizer' é necessário para tokenizar palavras no R. O método 'tokenize words ()' pode ser utilizado depois de o instalar.

```r
library(tidyverse)
```

```
## — Attaching core tidyverse packages ————————————————— tidyverse 2.0.0 —
## ✓ dplyr     1.1.2     ✓ readr     2.1.4
## ✓ forcats   1.0.0     ✓ stringr   1.5.0
## ✓ ggplot2   3.4.3     ✓ tibble    3.2.1
## ✓ lubridate 1.9.2     ✓ tidyr     1.3.0
## ✓ purrr     1.0.2
## — Conflicts —————————————————————————— tidyverse_conflicts() —
## ✗ dplyr::filter() masks stats::filter()
## ✗ dplyr::lag()    masks stats::lag()
## ℹ Use the conflicted package (<http://conflicted.r-lib.org/>) to force all conflicts to bec
ome errors
```

```r
library(topicmodels)
```

```
## Warning: package 'topicmodels' was built under R version 4.3.3
```

```r
library(tokenizers)
```

```
## Warning: package 'tokenizers' was built under R version 4.3.3
```

```r
x=("No internet,Checking the network cables, modem, and router Reconnecti
ng to Wi-Fi Running Windows Network Diagnostics DNS_PROBE_FINISHED_NO_INT
ERNET")
```

```r
tokenize_words(x,lowercase=TRUE,stopwords="network",strip_punct=TRUE,stri
p_numeric=FALSE)
```

```
## [[1]]
##  [1] "no"            "internet"
##  [3] "checking"       "the"
##  [5] "cables"         "modem"
##  [7] "and"           "router"
##  [9] "reconnecting"    "to"
## [11] "wi"            "fi"
## [13] "running"        "windows"
## [15] "diagnostics"     "dns_probe_finished_no_internet"
```

- 'x': O texto de entrada que deve ser tokenizado.
- 'minúsculas': Converte todas as palavras para minúsculas. A predefinição é
  TRUE.

- "stopwords": Um vetor de caracteres que devem ser omitidos de um texto. Podemos fornecer as palavras. +'strip_punct': Esta função opcional elimina toda a pontuação. Uma vez que a predefinição é FALSE, não será removida qualquer pontuação. +'strip numeric' (opcional): Esta opção elimina todos os dígitos. Se não forem necessários números, o valor predefinido de FALSO pode ser alterado para VERDADEIRO.

- "Simplificar" é definido como FALSO por defeito. Se este for o caso, uma entrada d e elemento único produzirá um vetor de caracteres de tokens em vez de uma lista.

A tokenização de frases refere-se ao processo de dividir o texto em frases individuais . Usando o pacote tokenizer, a tokenização de frases é semelhante à tokenização de palavras em muitos aspectos. Ao usar esta função;

```
tokenize_sentences(x,lowercase=TRUE,strip_punct=TRUE)
```

```
## [[1]]
## [1] "sem internetverificando os cabos de rede modem e roteador reconectando a
o wifi executando o diagnóstico de rede do windows dnsprobefinishednointernet"
```

x: o texto a ser tokenizado na entrada minúsculas: faz com que todos os caracteres de saída sejam minúsculos. +strip-punct: remove toda a pontuação textual; o valor padrão é TRUE, que elimina toda a pontuação.

O processo de tokenização de caracteres envolve a segmentação do texto em caracteres distintos. O pacote de tokenização também torna esta tarefa muito fácil de realizar. Utilizando esta função;

```
library(tokenizers)
tokenize_characters(x,strip_non_alphanum=TRUE,lowercase=TRUE,simplify=TRU
E)
```

```
##   [1] "n" "o" "i" "n" "t" "e" "r" "n" "e" "t" "c" "h" "e" "c" "k" "i" "n" "g"
##  [19] "t" "h" "e" "n" "e" "t" "w" "o" "r" "k" "c" "a" "b" "l" "e" "s" "m" "o"
##  [37] "d" "e" "m" "a" "n" "d" "r" "o" "u" "t" "e" "r" "r" "e" "c" "o" "n" "n"
##  [55] "e" "c" "t" "i" "n" "g" "t" "o" "w" "i" "f" "i" "r" "u" "n" "n" "i" "n"

##  [73] "g" "w" "i" "n" "d" "o" "w" "s" "n" "e" "t" "w" "o" "r" "k" "d" "i" "a"
##  [91] "g" "n" "o" "s" "t" "i" "c" "s" "d" "n" "s" "p" "r" "o" "b" "e" "f" "i"
## [109] "n" "i" "s" "h" "e" "d" "n" "o" "i" "n" "t" "e" "r" "n" "e" "t"
```

As letras minúsculas são produzidas quando x= texto de entrada a ser tokenizado +lowercase é aplicado. Se definido como TRUE, a função +strip_non_alphanum elimina a pontuação e os espaços em branco. A tokenização de subpalavras é uma abordagem de tokenização que divide o texto de entrada em palavras menores que podem ter significado analítico.

2.4 Ferramentas para tokenização

Uma das melhores ferramentas para tokenização é o R. Outras ferramentas para tokenização de conteúdo de texto incluem R, TextBlob, spacy, Gensim, NLTK (python) e Keras.

3.   0Modelação do tema

A modelação de tópicos é um método amplamente utilizado para identificar automaticamente temas num corpus de texto, revelando padrões semânticos latentes retratados pelo corpus [10]. Este tipo de modelação estatística examina e encontra grupos, ou colecções de palavras relacionadas, dentro de um texto, utilizando aprendizagem automática não supervisionada. A modelação de tópicos pode ser efectuada de duas formas:

Análise Semântica Latente (LSA): A Análise Semântica Latente (LSA) é um método de processamento de linguagem natural que examina as ligações entre termos e documentos. Além disso, pode ser utilizado para transformar uma coleção de texto não estruturado em dados estruturados.

A LSA consiste em identificar termos com significados semelhantes nos documentos. Para tal, cria uma matriz com as contagens de palavras para cada documento. As colunas representam documentos individuais, enquanto as linhas representam palavras individuais. De seguida, utiliza uma Decomposição de Valor Singular (SVD) para reduzir o número de linhas, mantendo a estrutura de semelhança entre as colunas [11]. A SVD é uma técnica matemática utilizada para manter atributos cruciais dos dados, simplificando a sua representação. Neste contexto de PNL, a SVD ajuda a manter as relações entre palavras e documentos. A similaridade de cosseno, uma medida utilizada para determinar o grau de similaridade entre documentos, calcula o cosseno do ângulo formado por dois vectores que representam os documentos. Uma pontuação de similaridade de cosseno próxima de 1 indica uma elevada similaridade entre documentos, enquanto uma pontuação próxima de 0 sugere uma dissemelhança significativa em termos de utilização de palavras [12].

Atribuição de Dirichlet Latente (LDA): Este modelo estatístico utiliza técnicas probabilísticas para inferir relações entre palavras e tópicos. Baseia-se nos princípios da rede Bayesiana. Sem nos tornarmos demasiado técnicos, podemos compreender os princípios orientadores do modelo: cada documento é uma mistura de tópicos, e imaginamos que cada documento pode conter palavras de vários tópicos em proporções específicas [13]. Por exemplo, num modelo de dois tópicos, poderíamos dizer: "O Documento 1 é 90% do tópico A e 10% do tópico B, enquanto o Documento 2 é 30% do tópico A e 70% do tópico B." Este exemplo utiliza o conjunto de dados AssociatedPress do pacote topicmodels como exemplo de uma DocumentTermMatrix. Trata-se de uma compilação de 2246 notícias de organizações noticiosas dos EUA, a maioria das quais foi publicada em 1988.

```
library(topicmodels)
data("AssociatedPress")
AssociatedPress
```

<<DocumentTermMatrix (documents: 2246, terms: 10473)>>
Non-/sparse entries: 302031/23220327
Sparsity   : 99%
Maximal term length: 18
Weighting   : term frequency (tf)

Utilizando a matriz = "gamma" introduzida em tidy(), podemos investigar a probabili dade por documento por tópico, ou γ ("gamma").

```
library(tidytext)
```

Warning: package 'tidytext' was built under R version 4.3.3

```
# set a seed so that the output of the model is predictable
ap_lda <- LDA(AssociatedPress, k = 2 , control = list(seed = 1234))
ap_lda
```

A LDA_VEM topic model with 2 topics.

```
ap_documents <- tidy(ap_lda, matrix = "gamma")
ap_documents
```

A tibble: 4,492 × 3
document topic   gamma
<int> <int> <dbl>
1   1   1 0.248
2   2   1 0.362
3   3   1 0.527
4   4   1 0.357
5   5   1 0.181
6   6   1 0.000588
7   7   1 0.773
8   8   1 0.00445
9   9   1 0.967
10   10   1 0.147
ℹ 4,482 more rows

Uma estimativa da percentagem de palavras desse documento que são criadas a partir desse tópico é incluída em cada um dos valores produzidos. Podemos utilizar a função tidy() para limpar a matriz de termos do documento, revelando quais as palavras mais frequentemente utilizadas em cada documento. Este processo ajuda a identificar as palavras mais comuns no corpus.

```r
tidy (AssociatedPress) %>%
  filter(document == 6) %>%
  arrange(desc(count))
```

```
## # A tibble: 287 × 3
##    document term          count
##       <int> <chr>         <dbl>
##  1        6 noriega          16
##  2        6 panama           12
##  3        6 jackson           6
##  4        6 powell            6
##  5        6 administration    5
##  6        6 economic          5
##  7        6 general           5
##  8        6 i                 5
##  9        6 panamanian        5
## 10        6 american          4
## # ℹ 277 more rows
```

```r
library(topicmodels)
    data("AssociatedPress")
    AssociatedPress
```

```
## <<DocumentTermMatrix (documents: 2246, terms: 10473)>>
## Non-/sparse entries: 302031/23220327
## Sparsity           : 99%
## Maximal term length: 18
## Weighting          : term frequency (tf)
```

Um modelo LDA de dois tópicos pode ser construído utilizando o método LDA() do pacote topicmodels e definindo k = 2. Todo o ajuste do modelo, incluindo as relações entre palavras e temas, bem como entre tópicos e documentos, é devolvido por esta função como um objeto.

```r
library(topicmodels)
# set a seed so that the output of the model is predictable
ap_lda <- LDA(AssociatedPress, k = 2, control = list(seed = 1234))
ap_lda
```

```
## A LDA_VEM topic model with 2 topics.
```

```r
#> A LDA_VEM topic model with 2 topics.
```

Este fragmento de código extrai as probabilidades por tópico por palavra (também c onhecidas como β ("beta")) do modelo. O pacote tidytext facilita a limpeza do mode lo utilizando o pacote tidy(). Para cada combinação possível, o modelo calcula a pro babilidade de uma palavra ser gerada a partir de um tópico.

```
library(tidytext)
ap_topics <- tidy(ap_lda, matrix = "beta")
ap_topics
```

```
## # A tibble: 20,946 × 3
##    topic term        beta
##    <int> <chr>      <dbl>
##  1     1 aaron     1.69e-12
##  2     2 aaron     3.90e- 5
##  3     1 abandon   2.65e- 5
##  4     2 abandon   3.99e- 5
##  5     1 abandoned 1.39e- 4
##  6     2 abandoned 5.88e- 5
##  7     1 abandoning 2.45e-33
##  8     2 abandoning 2.34e- 5
##  9     1 abbott    2.13e- 6
## 10     2 abbott    2.97e- 5
## # ℹ 20,936 more rows
```

-Utilize a função slice_max() do dplyr para encontrar os 10 termos mais comuns em
cada tópico

```r
library(tidyverse)
ap_top_terms <- ap_topics %>%
group_by(topic) %>%
slice_max(beta, n = 10) %>%
ungroup() %>%
arrange(topic, -beta)

ap_top_terms %>%
  mutate(term = reorder_within(term, beta, topic)) %>%
    ggplot(aes(beta, term, fill = factor(topic))) +
    geom_col(show.legend = FALSE) +
    facet_wrap(~ topic, scales = "free") +
    scale_y_reordered()
```

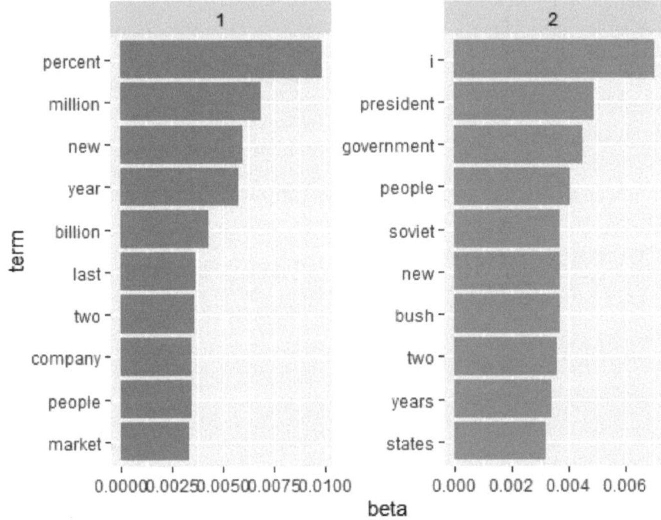

A representação permite-nos compreender os dois temas que foram identificados. Palavras como "por cento", "milhão", "biliões" e "empresa" são frequentemente utilizadas no tópico 1, indicando que o conteúdo pode estar relacionado com notícias financeiras ou de negócios. Por outro lado, o tópico 2 parece estar associado a notícias políticas, conforme indicado por termos como "presidente", "governo" e "soviético", que são os mais utilizados. Ao atribuir cada palavra de um documento a um tópico distinto, os documentos são efetivamente mapeados para uma lista de assuntos. Esta abordagem trata as palavras de um documento como um conjunto de palavras, sem ter em conta a sua ordem.

4.　0Análise dos sentimentos

A análise de sentimentos, por vezes designada por extração de opiniões, é uma técnica de processamento da linguagem natural (PLN) que ajuda a determinar o tom emocional do texto. Trata-se de um método amplamente utilizado pelas empresas para determinar e classificar pontos de vista relativos a um bem, serviço ou conceito [14]. A análise de sentimentos é o processo de extração de texto para obter sentimentos e informações subjectivas, tais como a expressão de sentimentos bons, negativos ou neutros. Neste processo, são utilizadas a extração de dados, a aprendizagem automática (ML), a inteligência artificial e a linguística computacional. As organizações podem obter informações em tempo real sobre o sentimento do cliente, a experiência e a reputação da marca com a utilização de tecnologias de análise de sentimentos. Estas tecnologias avaliam normalmente fontes em linha, como e-mails, blogues, críticas, pedidos de assistência ao cliente, notícias, resultados de inquéritos, estudos de casos, conversas na Web, tweets, fóruns e comentários, utilizando a análise de texto. Quer o consumidor esteja a utilizar uma linguagem positiva, negativa ou neutra, são utilizados algoritmos para construir métodos de pontuação baseados em regras, automáticos ou híbridos. A análise do sentimento não se limita a detetar o sentimento; pode também extrair a polaridade do texto, ou o grau de positividade e negatividade, bem como o assunto e o detentor da opinião [15]. Este método pode ser aplicado à análise de um parágrafo, frase ou sub-frase, bem como a todo o manuscrito.

4.1Tipos　　de análise de　sentimentos

Os sistemas de análise do sentimento podem ser classificados em várias categorias: Os indicadores de sentimento são divididos em categorias mais específicas, como extremamente positivo e extremamente negativo, utilizando uma análise de sentimento de granularidade fina [16]. Este método é comparável ao sistema de classificação de opiniões de uma a cinco estrelas. Por esta razão, este método funciona bem para classificar os inquéritos de satisfação dos clientes.

Análise da deteção de emoções: detecta sentimentos em oposição a bons e negativos. A felicidade, a insatisfação, o choque, a raiva e a tristeza são alguns exemplos.

Análise baseada na intenção: identifica as intenções de um texto para além do seu ponto de vista. Por exemplo, a publicação de um comentário em linha de insatisfação sobre a necessidade de mudar uma bateria pode ter como objetivo desencadear um contacto de apoio ao cliente para resolver o problema. A análise baseada no aspeto analisa o elemento específico que está a ser discutido de forma favorável ou desfavorável. Numa análise de um produto, um cliente pode, por exemplo, queixar-se de que a duração da bateria é demasiado curta. O algoritmo de análise de sentimentos identificará que a duração da bateria do produto é a principal fonte do sentimento negativo, e não o produto em si.

4.2Benefícios　da análise de sentimentos

Os benefícios da análise de sentimentos são generalizados nos domínios dos produtos, clientes e experiências de mercado. A análise de sentimentos é útil para uma variedade de tarefas de marketing e é especialmente eficaz em sectores vitais como os cuidados de saúde. Vejamos as vantagens mais significativas da análise de sentimentos.

Análise das emoções nas redes sociais: A exploração de sentimentos, derivada da escuta das redes sociais , permite examinar as intenções e atitudes do público em várias plataformas de redes sociais. Com ferramentas como a escuta social do Instagram e do TikTok, por exemplo, é possível obter estudos de mercado detalhados sobre as preferências dos consumidores relativamente a bens, empresas, anúncios e muito mais. De forma semelhante, a análise de vídeos do YouTube permite-lhe extrair informações de mercado sobre um produto a partir de comentários num vídeo de instruções. Ao fazê-lo, pode obter informações vitais sobre itens, o seu mercado-alvo, temas recorrentes em comentários e a forma como se comparam em vários canais de redes sociais, e muito mais.

Reconhecer as interacções dos clientes: Pode obter dados perspicazes sobre a experiência da marca que lhe permitirão ver o que os consumidores pensam sobre a sua marca e o que esperam de si. Estas informações são cruciais, uma vez que o ajudam a compreender os problemas com o fosso do mercado, a manter os clientes, a cultivar uma clientela dedicada e a aumentar as conversões de vendas.

Do ponto de vista do doente, um analisador de sentimentos é uma ferramenta valiosa no sector dos cuidados de saúde. Pode ser utilizado para monitorizar a eficácia da prestação de cuidados de saúde, identificar eventuais lacunas nos serviços ambulatórios e hospitalares, otimizar as operações da farmácia e muito mais. Os inquéritos a doentes e prestadores de cuidados de saúde ajudam as organizações de cuidados de saúde a conhecer a evolução das necessidades dos seus doentes, a melhorar os cuidados intensivos e os serviços de cuidados paliativos e a fornecer cuidados de saúde primários a zonas mal servidas.

Melhorar o serviço ao cliente: Uma das vantagens da análise de sentimentos é o facto de poder ser utilizada para analisar as experiências dos clientes para melhorar o serviço ao cliente. A felicidade do cliente pode ser melhorada e pode ser criada uma experiência excecional para o cliente utilizando o histórico do chatbot de extração de emoções, transcrições de chamadas do serviço de apoio ao cliente, e-mails de reclamações do cliente, devoluções e reembolsos, comentários do cliente e inquéritos ao cliente.

4.3 Explorar o   sentimento de aprendizagem profunda e criar uma nuvem de palavras com R

O primeiro passo é importar o conjunto de dados

```
x=("A aprendizagem profunda é um subconjunto da aprendizagem automá
tica em que as redes neuronais artificiais, algoritmos inspirados n
o cérebro humano, aprendem com grandes quantidades de dados. É a fo
rça subjacente a muitas aplicações modernas de IA, como o reconheci
mento de voz, a classificação de imagens e a tradução de línguas. A
aprendizagem profunda é amplamente utilizada em vários domínios, co
mo a visão computacional, o processamento de linguagem natural e o
reconhecimento de voz. Obteve um êxito notável em tarefas como a cl
assificação de imagens, a deteção de objectos e a tradução de língu
as. Algumas arquitecturas populares de aprendizagem profunda inclue
```

m as Redes Neuronais Convolucionais para o processamento de imagens
, as Redes Neuronais Recorrentes para dados sequenciais e os modelo
s Transformer para o processamento de linguagem natural")

importar a biblioteca (tm)

```r
library(tm)

corpus = iconv(x, to = "utf-8")
```

creation of corpus(a corpus is a collection of textual data, this is important in sentiment analysis and related areas)

```r
corpus = Corpus(VectorSource(corpus))
inspect(corpus[1])

corpus = tm_map(corpus, tolower)

corpus = tm_map(corpus, removePunctuation)
corpus = tm_map(corpus, removeNumbers)

inspect(corpus[1])
```

clean the corpus

```r
cleanset = tm_map(corpus, removeWords, stopwords('english'))


tdm = TermDocumentMatrix(cleanset)
tdm

tdm = as.matrix(tdm)
tdm[1:5,]
```

```
##    achieved  algorithms    amounts applications architectures
##        1         1           1          1           1
```

```r
w = rowSums(tdm)
#w = subset(w, w>=25)
barplot(w,
        las = 2,
        col = rainbow(50))
```

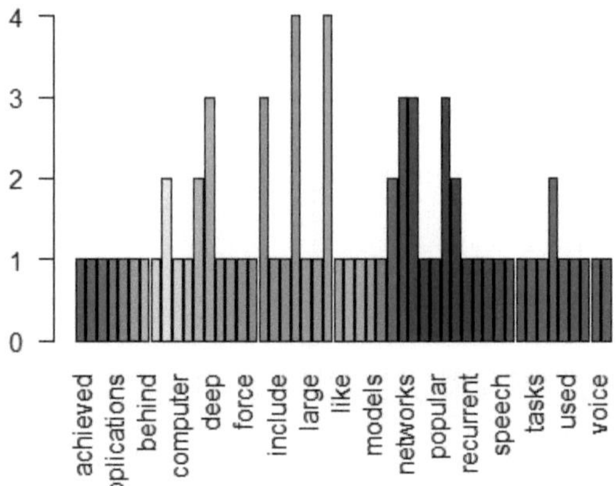

```r
library(wordcloud)

w = sort(rowSums(tdm), decreasing = TRUE)
set.seed(222)
wordcloud(words = names(w),
          freq = w,
          max.words = 10,
          random.order = F,
          min.freq = 5,
          colors = brewer.pal(8, 'Dark2'),
          scale = c(5,0.3),
          rot.per = 0.3)
```

```r
library(syuzhet)

library(lubridate)
library(ggplot2)
library(scales)

library(reshape2)

library(dplyr)
tweets = iconv(x, to = 'utf-8')
s = get_nrc_sentiment(tweets)
head(s)

##   anger anticipation disgust fear joy sadness surprise trust negative positive
## 1 1              3       0    1   3       0        2     4        1        9

get_nrc_sentiment('Deep')

##   anger anticipation disgust fear joy sadness surprise trust negative positive
## 1 0              0       0    0   0       0        0     0        0        0


get_nrc_sentiment('Neural')

##   anger anticipation disgust fear joy sadness surprise trust negative positive
## 1 0              0       0    0   0       0        0     0        0        0

barplot(colSums(s),
        las = 2,
        col = rainbow(10),
        ylab = 'count',
        main = 'Sentiment Scores For Deep Neural')
```

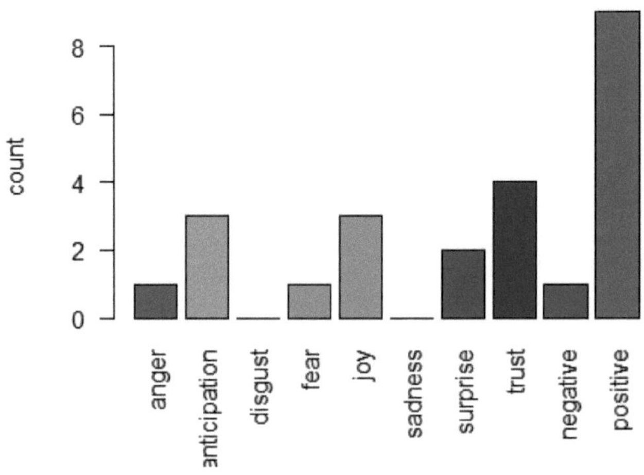

4.4 Modelação e agrupamento de documentos no âmbito do processamento de linguagem natural.

A utilização da análise de agrupamentos em documentos textuais é conhecida como agrupamento de documentos. Pode ser utilizada para extração de assuntos, categorização automática de documentos e recuperação ou filtragem rápida de informações. O processo de agrupamento de documentos utiliza descritores e a sua extração. Os grupos de palavras conhecidos como descritores são utilizados para caraterizar o conteúdo de um agrupamento. A maioria das pessoas concorda que o agrupamento de documentos é um procedimento centralizado. O agrupamento de documentos Web para utilizadores de pesquisa é um tipo de agrupamento de documentos.

Existem dois tipos de aplicações de agrupamento de documentos: em linha e fora de linha. Quando comparadas com as aplicações offline, as questões de eficiência limitam normalmente as aplicações online. O agrupamento de texto pode ser aplicado a várias tarefas, como a deteção de assuntos implícitos significativos em todos os artigos e a organização de documentos relacionados (notícias, tweets, etc.) para fins de análise.

De um modo geral, existem dois algoritmos populares. O primeiro algoritmo é de natureza hierárquica e inclui a abordagem de Ward, a média de grupo, a ligação única e a ligação completa. Os documentos podem ser divididos ou agrupados para criar uma estrutura hierárquica que seja fácil de navegar. No entanto, estes algoritmos têm normalmente problemas de eficiência. O algoritmo K-means e as suas variações são utilizados no desenvolvimento do outro algoritmo. Embora os algoritmos baseados nas versões K-means sejam mais eficientes e produzam informação suficiente para a maioria dos objectivos, os algoritmos hierárquicos produzem normalmente informação mais detalhada para uma análise aprofundada. Podem ser estudados mais trabalhos para obter mais informações sobre as técnicas de aprendizagem automática.

5. 0 Conclusão

Em conclusão, o desenvolvimento do processamento da linguagem natural é um campo fascinante da inteligência artificial que está a impulsionar a criação de inúmeras tecnologias inovadoras, incluindo chatbots, motores de busca, sistemas de recomendação e sistemas de fala para texto. O processamento da linguagem natural continuará a ser muito procurado à medida que as interfaces homem-computador continuarem a divergir dos botões, formulários e linguagens específicas de um domínio.

De um modo geral, a PNL e a prospeção de texto oferecem capacidades poderosas para extrair conhecimentos, compreender a linguagem e dar sentido a dados de texto não estruturados, conduzindo a uma maior produtividade na tomada de decisões e a experiências do utilizador.

CAPÍTULO DOIS

Aprendizagem profunda e redes neurais

2.0   Introdução

A aprendizagem profunda, um ramo de ponta da inteligência artificial, permite que as máquinas aprendam e se adaptem como o cérebro humano. Esta capacidade notável resulta da utilização de redes neuronais artificiais. Estes algoritmos complexos, inspirados na estrutura do cérebro humano, são construídos com camadas de unidades de processamento interligadas, semelhantes aos neurónios. A aprendizagem profunda é um subconjunto da aprendizagem automática em que as redes neuronais artificiais, algoritmos inspirados no cérebro humano, aprendem com grandes quantidades de dados. É a força subjacente a muitas aplicações modernas de IA, como o reconhecimento de voz, a classificação de imagens e a tradução de línguas. A aprendizagem profunda é amplamente utilizada em vários domínios, como a visão computacional, o processamento de linguagem natural e o reconhecimento de voz. Obteve um sucesso notável em tarefas como a classificação de imagens, a deteção de objectos e a tradução de línguas. Algumas arquitecturas populares de aprendizagem profunda incluem as Redes Neuronais Convolucionais (CNN) para o processamento de imagens, as Redes Neuronais Recorrentes (RNN) para dados sequenciais e os modelos Transformer para o processamento de linguagem natural.

A aprendizagem profunda requer grandes quantidades de dados e recursos computacionais, mas tem o potencial de revolucionar muitas indústrias ao permitir que as máquinas aprendam com os dados e tomem decisões de forma autónoma. Utiliza redes neuronais artificiais, algoritmos complexos com camadas de unidades de processamento interligadas. Estas redes aprendem com grandes quantidades de dados, tal como o nosso cérebro aprende com a experiência. Isto permite-lhes lidar com tarefas difíceis como o reconhecimento de imagens, o processamento de linguagem natural e o reconhecimento de voz, revolucionando vários domínios como os cuidados de saúde, os transportes e a comunicação. Imagine uma rede de reconhecimento de imagem que analisa fotografias. A camada inicial pode aprender a identificar elementos básicos como linhas e formas. Partindo desta base, a camada seguinte poderia aperfeiçoar a sua compreensão para reconhecer padrões mais complexos. Por fim, a camada final pode tirar partido deste conhecimento para identificar objectos na imagem. Atualmente, a aprendizagem profunda continua a evoluir e a revolucionar vários sectores, com os investigadores a ultrapassarem continuamente os limites e a desenvolverem novas técnicas. Por isso, vamos continuar a explorar e a aprender sobre os antecedentes históricos e a evolução da aprendizagem profunda em conjunto

2.1   Rede Neural Artificial

Uma Rede Neuronal Artificial (RNA) é um método de inteligência artificial que ensina os computadores a processar dados de uma forma inspirada no cérebro humano. É um tipo de processo de aprendizagem automática, denominado aprendizagem profunda, que utiliza nós ou neurónios interligados numa estrutura em camadas que se assemelha ao cérebro humano. Cria um sistema adaptativo que os computadores utilizam para aprender com os seus erros e melhorar continuamente. Assim, as redes neuronais artificiais tentam resolver problemas complicados, como resumir documentos ou reconhecer rostos, com maior precisão. Inspiradas na estrutura biológica do cérebro humano, as redes neuronais são modelos computacionais constituídos por nós interligados (neurónios) dispostos em camadas. Estes nós processam e transmitem informações através de ligações ponderadas, imitando a forma como os neurónios comunicam no cérebro. As Redes Neuronais Artificiais contêm neurónios artificiais, designados por unidades. Estas unidades estão dispostas numa série de camadas que, no seu conjunto, constituem toda a Rede Neuronal Artificial de um sistema. camada fornece uma saída sob a forma de uma resposta das Redes Neuronais Artificiais aos dados de entrada fornecidos.

Os modelos apresentados nesta secção parecem bastante difíceis do ponto de vista matemático. No entanto, acabam por se resumir a uma simples multiplicação e adição. A utilização de matrizes e vectores simplifica a notação, mas não é absolutamente necessária para esta aplicação.

1. Modelo de Neurónio: Um modelo de um neurónio tem três partes básicas: pesos de entrada, um verão e uma função de saída. Os pesos de entrada escalam os valores usados como entradas do neurónio, o verão soma todos os valores escalados e a função de saída produz a saída final do neurónio. Uma entrada adicional, conhecida como bias, é freqüentemente adicionada ao sistema. Se for usada uma polarização, ela pode ser representada por um peso com uma entrada constante de um. Esta descrição é apresentada visualmente na Figura 1. No domínio das redes neuronais artificiais, é crucial compreender os componentes fundamentais de um modelo de neurónio. Um modelo de um neurónio tem três partes básicas: pesos de entrada, um verão e uma função de saída. Os pesos de entrada escalam os valores usados como entradas para o neurónio, o verão soma todos os valores escalados e a função de saída produz a saída final do neurónio. Uma entrada adicional, conhecida como bias, é freqüentemente adicionada ao sistema. Se for utilizada uma polarização, esta pode ser representada por um peso com uma entrada constante de um. Um neurónio, o elemento básico destas redes, imita o comportamento dos neurónios biológicos do cérebro humano. Ele consiste em três partes essenciais: pesos de entrada, um verão e uma função de saída

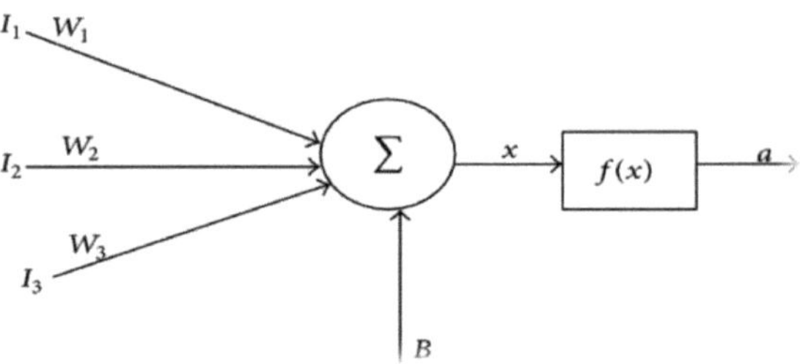

Fig 1: Modelo de neurónio

Fonte : Modelos de redes neuronais explicados - Seldon

.

Pesos de entrada: Escalonamento dos inputs

Os pesos de entrada desempenham um papel vital no modelo do neurónio, atribuindo diferentes níveis de importância aos valores de entrada. Esses pesos são valores numéricos associados a cada entrada, determinando a influência de cada entrada na saída do neurónio. Ao ajustar os pesos de entrada, podemos controlar a sensibilidade do neurónio a entradas específicas.

verão: Agregação das entradas ponderadas

O somador, também conhecido como combinador linear, executa uma tarefa simples mas crucial. Ele pega todas as entradas ponderadas e as soma. Este processo de soma combina os efeitos de todas as entradas, permitindo que o neurónio considere a influência colectiva de múltiplos factores.

Função de saída: Transformação das entradas somadas

A função de saída, também designada por função de ativação, é a fase final do modelo de neurónio. Pega no valor somado do verão e transforma-o num sinal de saída. Essa transformação é crucial, pois determina a resposta do neurónio à entrada. Existem vários tipos de funções de saída, cada uma com as suas características e aplicações únicas.

Ao compreender a interação entre os pesos de entrada, o verão e a função de saída, obtemos informações sobre a forma como os neurónios artificiais processam a informação. Estes componentes trabalham em conjunto para permitir que os neurónios aprendam, se adaptem e tomem decisões com base em padrões de entrada, formando a base de poderosas redes neuronais artificiais

I_1, I_2 e I_3 são os inputs, W_1, W_2 e W_3 são os pesos, B é o bias, X é um output intermédio e **a** é o output final. A equação para **a** é dada por

$$a = f(W_1 I_1 + W_2 I_2 + W_3 I_3 + B)$$

$$\text{Output} = \sum (\text{Weights X Inputs}) + \text{Bias}$$

Onde **f** pode ser qualquer função. Na maioria das vezes, é o sinal do argumento (ou seja, 1 se o argumento for positivo e -1 se o argumento for negativo), linear (ou seja, a saída é simplesmente a entrada vezes algum fator constante), ou alguma curva complexa utilizada na correspondência de funções (não necessária aqui). Para este modelo, usaremos o primeiro caso, em que **f** é o sinal do argumento, por duas razões: aproxima-se da propriedade "tudo ou nada" observada nos neurónios biológicos e é bastante fácil de implementar.

Quando os neurónios artificiais são implementados, os vectores são normalmente utilizados para representar as entradas e os pesos, pelo que a primeira de duas breves revisões da álgebra linear é aqui apropriada. O produto escalar de dois vectores $\vec{X} = (x_1, x_2, \ldots, x_n)$ e $\vec{Y} = (y_1, y_2, \ldots, y_n)$ é dado por

$$\vec{X} \cdot \vec{Y} = x_1 y_1 + x_2 y_2 + \cdots + x_n y_n$$

Utilizando esta notação, a saída é simplificada para

$$a = f (\vec{W} \cdot \vec{I} + B)$$

Em que todas as entradas estão contidas em e todos os pesos estão contidos em $\vec{I}$ e todos os pesos em $\vec{W}$

Camada de neurónios. Numa camada de neurónios, cada entrada está ligada a cada neurónio e cada neurónio produz a sua própria saída. Isto pode ser representado matematicamente pela seguinte série de equações:

$$a_1 = f_1 (W_1 \cdot \vec{I} + B_1),$$
$$a_2 = f_2 (W_2 \cdot \vec{I} + B_2)$$
$$a_3 = f_3 (W_3 \cdot \vec{I} + B_3)$$

Representando o vetor de entrada e as polarizações como matrizes de uma coluna, podemos simplificar a notação acima para

$$\vec{a} = f(W \cdot I + B)$$

Que é a forma final da representação matemática de uma camada de neurónios artificiais.

Uma rede neural artificial é simplesmente um conjunto de camadas de neurónios em que a saída de cada camada anterior se torna a entrada para a camada seguinte. Assim, por exemplo, as entradas para a camada dois são as saídas da camada um. Neste exercício, estamos a mantê-la relativamente simples, não havendo feedback (ou seja, a saída da camada é a entrada para uma camada anterior). Para representar matematicamente a rede neural, basta encadear as equações. A equação final para a rede de três camadas nesta equação é dada por

$$a = f(W_3 \cdot f(W_2 \cdot f(W_1 \cdot \vec{I} + B_1) + B_2) + B_3)$$

A obtenção conjunta das equações de ativação para cada camada fornece uma base sólida para compreender o cálculo global. Isso abre o caminho para aprofundar a retropropagação, o cavalo de batalha do treinamento que permite que essas redes aprendam e façam previsões cada vez mais precisas.

Função e importância das redes neuronais artificiais na aprendizagem profunda

As redes neuronais são fundamentais na aprendizagem profunda, actuando como a base para o processamento e aprendizagem de dados. Constituídas por nós interligados dispostos em camadas, as redes neuronais utilizam a retropropagação para ajustar os parâmetros e minimizar os erros de previsão, permitindo-lhes modelar relações complexas. Esta capacidade permite que os modelos de aprendizagem profunda extraiam características significativas dos dados e façam previsões ou tomem decisões precisas em vários domínios. As redes neuronais são um subcampo da inteligência artificial (IA) inspirado na estrutura e função do cérebro humano.

São constituídos por nós interligados, denominados neurónios artificiais, dispostos em camadas. Estes neurónios artificiais imitam a forma como os neurónios biológicos processam a informação:

1. Receção de inputs: Cada neurónio recebe sinais de outros neurónios ou do ambiente externo (como uma imagem ou uma palavra).

2. Aplicação de uma função matemática: Estes sinais são depois ponderados e somados, e é aplicada uma função matemática à soma. Esta função determina o grau de ativação do neurónio.

3. Envio de outputs: O nível de ativação do neurónio é então enviado como um sinal de saída para outros neurónios da rede. Através deste processo de receção, processamento e transmissão de informação, as redes neuronais podem aprender padrões complexos a partir dos dados.

4. Aprendizagem através do treino: Ao contrário da programação tradicional, as redes neuronais aprendem com os dados através de um processo chamado treino. Durante o treino, ajustam os pesos das ligações entre os neurónios com base nas diferenças entre as suas previsões e os dados reais. Este processo iterativo permite-lhes identificar gradualmente padrões complexos nos dados.

Estas características conduziram a uma vasta gama de aplicações para as redes neuronais na aprendizagem profunda, incluindo

A. Reconhecimento de imagens: Os algoritmos de aprendizagem profunda alimentam os "olhos" dos automóveis autónomos, permitindo-lhes navegar nas estradas através do reconhecimento de objectos, peões e sinais de trânsito com uma precisão excecional.

B. Processamento de linguagem natural (PNL) e geração de texto para imagem: A aprendizagem profunda tornou-se a espinha dorsal da PNL, permitindo que as máquinas compreendam as nuances da linguagem humana. Este facto conduziu a avanços significativos na tradução automática, permitindo uma comunicação sem descontinuidades entre línguas.

C. Sistemas de recomendação: Os sistemas de recomendação são como assistentes digitais que o ajudam a descobrir produtos ou conteúdos de que poderá gostar.

D. Finanças: Os modelos de aprendizagem profunda são utilizados no sector financeiro para analisar vastos conjuntos de dados de mercado, identificando tendências e padrões que podem informar as decisões de investimento. Estes algoritmos podem prever as flutuações do mercado, avaliar a capacidade de crédito e até efetuar negociações automatizadas de alta frequência.

As redes neuronais artificiais estão no centro da aprendizagem profunda. São capazes de tratar e interpretar dados complexos e estabelecer padrões que ajudam a fazer previsões exactas. A utilização de redes neuronais tem sido crucial para alargar os limites da aprendizagem profunda e obter resultados notáveis em vários domínios. Uma das principais razões para a importância das redes neuronais é a sua capacidade de aprender com os dados sem serem explicitamente programadas. Isto torna-as altamente adaptáveis e adequadas para uma vasta gama de tarefas, desde o reconhecimento de imagens ao processamento de linguagem natural. Além disso, as redes neuronais podem processar grandes quantidades de dados, o que as torna ferramentas poderosas para analisar e compreender conjuntos de dados complexos. Além disso, as redes neuronais são altamente flexíveis e podem ser treinadas em diferentes tipos de dados.

Neurónios na aprendizagem profunda

Os neurónios nos modelos de aprendizagem profunda são nós através dos quais os dados e os cálculos fluem. Recebem um ou mais sinais de entrada. Estes sinais de entrada podem provir do conjunto de dados brutos ou de neurónios posicionados numa camada anterior da rede neuronal. Efectuam alguns cálculos e enviam alguns sinais de saída para neurónios mais profundos na rede neuronal através de uma sinapse. Os neurónios de um modelo de aprendizagem profunda podem ter sinapses que se ligam a mais do que um neurónio na camada anterior. Cada sinapse tem um peso associado, que afeta a importância do neurônio anterior na rede neural geral. Os pesos são um tópico muito importante no domínio da aprendizagem profunda porque o ajuste dos pesos de um modelo é a principal forma através da qual os modelos de aprendizagem profunda são treinados. Quando um neurónio recebe as suas entradas dos neurónios da camada anterior do modelo, soma cada sinal multiplicado pelo seu peso correspondente e passa-o para uma função de ativação,

Funções de ativação na aprendizagem profunda

A perceção do manuseamento das redes neuronais é conseguida principalmente através das funções de ativação. Uma função de ativação é uma função matemática que transforma a variável de entrada numa variável de saída. Na ausência de funções de ativação, o funcionamento das redes neuronais será semelhante ao das funções lineares. Uma função linear é uma função em que a variável de saída está exatamente relacionada com a variável de entrada.

No entanto, a maior parte das limitações que as redes neuronais tentam resolver são não lineares e complicadas. As funções de ativação são utilizadas para atingir a não linearidade. As funções não lineares são funções polinomiais de alto nível. O gráfico de uma função não linear é curvo e combina o elemento de complicação. As funções de ativação fornecem o elemento de não linearidade às redes neuronais e tornam-nas aproximações precisas de funções universais.

Sigmoide

A função sigmoide é uma função matemática que dá uma curva sigmoidal; uma curva caraterística pela sua forma de S. Esta é a função de ativação mais antiga e frequentemente utilizada. Esta função comprime a entrada para qualquer valor entre 0 e 1 e torna o modelo logístico. Esta função é conhecida como um caso especial da função logística definida pela seguinte fórmula:

$$f(x) = 1/1(1 + e^{-x}) \qquad (2.5)$$

Tangente hiperbólica

Outra função de ativação comum e mais utilizada é a função tanh. Esta é uma função não linear, caracterizada pela escala de valores (-1, 1). Uma coisa que deve ficar clara é que o gradiente é melhor para tanh do que para sigmoide (as derivadas são mais íngremes). A escolha entre sigmoide e tanh será baseada no pré-requisito de força do gradiente. Tal como a sigmoide, tanh também tem a restrição de falta de declive. A função é especificada pela fórmula:

$$f(x) = \tanh(x) \qquad (2.6)$$

Esta parece uma sigmoide; é uma função sigmoide escalonada.

Unidade Linear Rectificada

A Unidade Linear Rectificada (ReLU) é uma função de ativação predominantemente utilizada. É uma especificação simples e tem méritos sobre as outras funções. A função é definida pela seguinte fórmula:

$$f(x) = 0 \text{ quando } x < 0$$

$$x \text{ quando } x > = 0 \qquad\qquad (2.7)$$

A escala do resultado varia entre 0 e infinito. A RELU é utilizada na visão computacional e na identificação da fala utilizando redes neurais profundas.

Rede Neuronal Artificial com Função de Transferência Heterogénea

O modelo abaixo apresenta um modelo de rede neural com uma função de transferência homogénea

$$F(x, w) = \alpha X + \sum_{h=1}^{H} \beta_h [\, g(\sum_{i=0}^{I} \gamma_{hi} X_i)] \qquad \dots (2.8)$$

Onde g (.) são as funções de transferência, o que faz com que a equação (2.8) acima seja chamada de modelo SNN Homogéneo (HSNN).

Dada uma forma convoluta do modelo de rede neural artificial dado acima, usando a convolução do produto, temos

$$F(x, w) = \alpha X + \sum_{h=1}^{H} \beta_h [\, g_1(\sum_{i=0}^{I} \gamma_{hi} X_i) g_2(\sum_{i=0}^{I} \gamma_{hi} X_i)] \dots (2.9)$$

Em que $g_1(.)$ e $g_2(.)$ são funções de transferência, que são HTFs mas combinadas na equação 3 acima para formar uma função de transferência heterogénea (HETFs). A equação (2.9) acima é designada por modelo SNN heterogéneo (HETSNN).

Funções de transferência heterogéneas (HETFs)

Com base nas melhores HTFs acima enumeradas, foram derivadas duas HETFs convolutas utilizando o princípio da convolução, ou seja $g_1(.)$ x $g_2(.)$ de modo a que as novas funções de transferência derivadas sejam também uma função de densidade de probabilidade.

Estas duas HETFs abaixo são derivadas usando a convolução da Função de Transferência Linear Saturada Simétrica e a Função de Transferência Tangente Hiperbólica (SSLHT) e a convolução da Função de Transferência Linear Saturada Simétrica e a Função de Transferência Sigmoide Tangente Hiperbólica (SSLHTS) (Udomboso, 2014).

O resumo das funções de ativação heterogéneas é dado como:

(1) Tangente linear e hiperbólica saturada simétrica (SSLHT)

$$g(x) = (x+1)\log(e^x + e^{-1})^{-1} \quad \text{Para} -1 < x < 1$$

(2) Sigmoide de tangente linear e hiperbólica saturada simétrica (SSLHTS)

$$g(x) = (2x^2 + 3x + \frac{1}{2}) - x(\sum \frac{e^{-2;px}}{p} - \sum \frac{e^{2;px}}{p})^1 \quad \text{Para} -1 < x < 1$$

Onde p é o número de parâmetros.

<u>Implementação de Modelos de Redes Neuronais Artificiais em R</u>

Utilizaremos os dados iris incorporados no R e resolveremos problemas de multi-classificação com uma rede neural artificial simples.

```
# Instalar a biblioteca
```

```r
library(tidyverse)
library(neuralnet)
```

```
# Ler e carregar os dados da íris
```

```r
iris <- iris %>% mutate_if(is.character, as.factor)
summary(iris)
```

```
> Resultado
> summary(iris)
  Sepal.Length     Sepal.Width      Petal.Length     Petal.Width            Sp
ecies
 Min.   :4.300   Min.   :2.000   Min.   :1.000   Min.   :0.100   setosa
:50
 1st Qu.:5.100   1st Qu.:2.800   1st Qu.:1.600   1st Qu.:0.300   versicol
or:50
 Median :5.800   Median :3.000   Median :4.350   Median :1.300   virginic
a :50
 Mean   :5.843   Mean   :3.057   Mean   :3.758   Mean   :1.199
 3rd Qu.:6.400   3rd Qu.:3.300   3rd Qu.:5.100   3rd Qu.:1.800
 Max.   :7.900   Max.   :4.400   Max.   :6.900   Max.   :2.5
```

```
# dividir os dados em conjuntos de dados de treino e de teste para
treino do modelo
```

```r
set.seed(245)
data_rows <- floor(0.80 * nrow(iris))
train_indices <- sample(c(1:nrow(iris)), data_rows)
train_data <- iris[train_indices,]
test_data <- iris[-train_indices,]
```

```
# Criar duas camadas ocultas: a primeira camada com quatro neurónios e
a segunda com dois neurónios.
```

```
model=neuralnet(
          Species~Sepal.Length+Sepal.Width+Petal.Length+Petal.Width,
          data=train_data,
          hidden=c(4,2),
          linear.output = FALSE
          )
```

Para visualizar a arquitetura do nosso modelo, utilizamos a função `plot`.

```
plot(model,rep = "best")
```

> Resultado

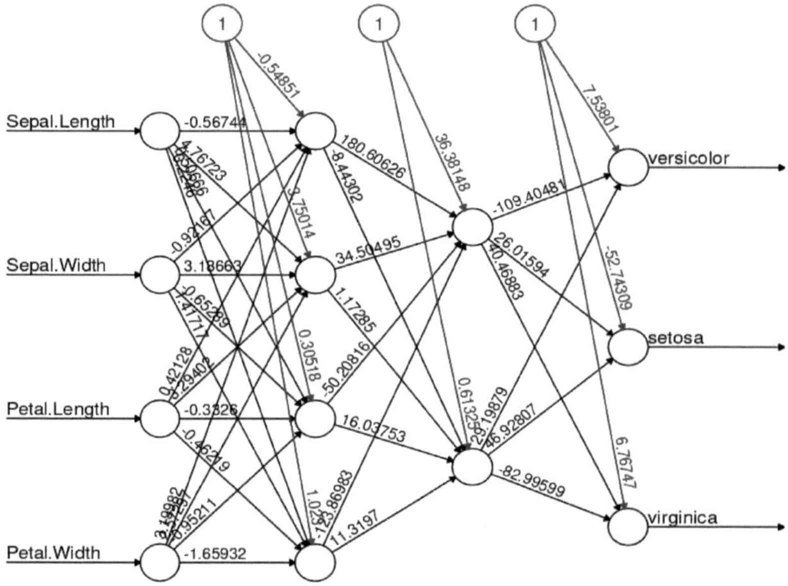

-

Avaliação do modelo

Para a matriz de confusão: Iremos prever categorias utilizando um conjunto de dados de teste. Criar uma lista de nomes de categorias.

Criar um quadro de dados de previsão e substituir os resultados numéricos por rótulos.

Utilizar tabelas para apresentar os valores "reais" e "previstos" lado a lado

Avaliação do modelo

```r
pred <- predict(model, test_data)
labels <- c("setosa", "versicolor", "virginca")
prediction_label <- data.frame(max.col(pred)) %>%
mutate(pred=labels[max.col.pred.]) %>%
select(2) %>%
unlist()

table(test_data$Species, prediction_label)
```



```
prediction_label
           setosa versicolor virginca
  setosa        8          0        0
  versicolor    0         13        0
  virginica     0          3        6
```

Verificação da exatidão do modelo

```r
check = as.numeric(test_data$Species) == max.col(pred)
accuracy = (sum(check)/nrow(test_data))*100
print(accuracy)
```


```
[1] 90
```

O resultado mostra uma elevada exatidão: Os valores da diagonal (8, 13 e 6) representam o número de pontos de dados classificados corretamente para cada categoria. Estes valores elevados indicam uma boa exatidão para cada classe.

Baixa classificação incorrecta: Existem zeros em todas as células fora da diagonal. Isto significa que o modelo cometeu muito poucos erros ao atribuir pontos de dados à categoria errada.

5.2 Fundamentos da arquitetura da aprendizagem profunda
Arquitetura de uma rede neural profunda

A arquitetura de uma rede neural profunda refere-se à sua estrutura, que inclui várias camadas e nós. A camada de entrada recebe os dados, que são depois processados através de uma ou mais camadas ocultas antes de chegarem à camada de saída. Cada ligação entre nós tem um peso associado, que determina a força do sinal transmitido de um nó para outro.

Algumas arquitecturas de redes neuronais populares incluem redes feedforward, redes neuronais recorrentes (RNNs), redes neuronais convolucionais (CNNs) e redes de memória de curto prazo (LSTM). Cada arquitetura foi concebida para tarefas específicas e tem os seus pontos fortes e limitações Construir o cérebro da IA

A aprendizagem profunda, um subcampo potente da IA, utiliza redes neuronais artificiais (RNA) inspiradas na arquitetura do cérebro humano para obter capacidades de aprendizagem e adaptação notáveis. Compreender os aspectos fundamentais da arquitetura da aprendizagem profunda é crucial para compreender o seu poder e potencial.

1. Redes Neurais Profundas: Os blocos de construção. Imagine uma rede de unidades de processamento interligadas, semelhante à rede de neurónios do cérebro humano. Estas unidades, chamadas neurónios artificiais, formam a base das RNAs. Ao contrário dos neurónios biológicos, são modelos matemáticos sofisticados que recebem múltiplas entradas, efectuam cálculos e produzem uma única saída. Cada ligação entre neurónios tem um peso, que determina a influência do resultado de um neurónio sobre outro

2. Camadas: Construindo Complexidade: As RNAs são estruturadas em camadas, sendo que a camada de entrada recebe os dados e a camada de saída fornece o resultado final. Crucialmente, as arquitecturas de aprendizagem profunda incluem várias camadas ocultas entre as camadas de entrada e de saída. Estas camadas ocultas são onde a "magia" acontece.

3. O poder das camadas ocultas: Extração de características: Cada camada oculta actua como um extrator de características

 analisando os dados da camada anterior e identificando características e padrões progressivamente mais complexos.

(ii) Funções de ativação não lineares: Para captar as relações intrincadas entre os dados, as camadas ocultas utilizam frequentemente funções de ativação não lineares, acrescentando não linearidade ao processamento e permitindo que a rede aprenda padrões complexos que os modelos lineares não conseguem.

4. Arquitecturas comuns de aprendizagem profunda: Várias arquitecturas de aprendizagem profunda provaram ser bem sucedidas em vários domínios:

(i) Redes neuronais convolucionais (CNN): Particularmente competentes no reconhecimento e processamento de imagens, utilizando filtros e camadas de agrupamento para extrair características espaciais de imagens.

(ii) Redes Neuronais Recorrentes (RNNs): Excelentes no tratamento de dados sequenciais como texto ou fala, incorporando mecanismos de memória para analisar informações passadas e fazer previsões com base no contexto.

(iii) Redes Adversariais Generativas (GAN): Empregam duas redes neurais concorrentes, um gerador que cria novos dados e um discriminador que tenta distinguir os dados reais dos dados gerados. Este treino contraditório permite que o gerador aprenda a produzir dados cada vez mais realistas.

Modelo Xgboost

O XGBoost é uma biblioteca optimizada de reforço de gradiente distribuído, concebida para uma formação eficiente e escalável de modelos de aprendizagem automática. É um método de aprendizagem em conjunto que combina as previsões de vários modelos fracos para produzir uma previsão mais forte. XGBoost significa "Extreme Gradient Boosting" (reforço de gradiente extremo) e tornou-se um dos algoritmos de aprendizagem automática mais populares e mais utilizados devido à sua capacidade de lidar com grandes conjuntos de dados e à sua capacidade de alcançar um desempenho de ponta em muitas tarefas de aprendizagem automática, como a classificação e a regressão.

Uma das principais características do XGBoost é o seu tratamento eficiente dos valores em falta, o que lhe permite lidar com dados do mundo real com valores em falta sem exigir um pré-processamento significativo. Além disso, o XGBoost tem suporte integrado para processamento paralelo, tornando possível treinar modelos em grandes conjuntos de dados num período de tempo razoável.

O XGBoost pode ser utilizado numa variedade de aplicações, incluindo competições Kaggle, sistemas de recomendação e previsão da taxa de cliques, entre outras. Também é altamente personalizável e permite o ajuste fino de vários parâmetros do modelo para otimizar o desempenho. XgBoost significa Extreme Gradient Boosting (reforço de gradiente extremo), que foi proposto pelos investigadores da Universidade de Washington. É uma biblioteca escrita em C++ que optimiza a formação para Gradient Boosting.

Eis algumas das principais características do XGBoos

Gradient Boosting: O XGBoost utiliza o gradient boosting, que envolve a construção de árvores de decisão sequencialmente e a sua adição ao modelo para minimizar a função de perda.

Regularização: O XGBoost suporta várias técnicas de regularização, como a regularização L1 e L2, para controlar a complexidade do modelo e evitar o sobreajuste.

Paralelização: O XGBoost pode ser paralelizado em vários núcleos de CPU ou GPUs, tornando-o eficiente para treinar grandes modelos em grandes conjuntos de dados.

Escalabilidade: O XGBoost pode lidar com grandes conjuntos de dados de forma eficiente devido à sua implementação optimizada e suporte para computação distribuída.

Flexibilidade: O XGBoost oferece flexibilidade na escolha de diferentes funções de perda e métricas de avaliação, tornando-o adequado para uma ampla gama de tarefas de aprendizagem automática

<u>XGboost usando Python</u>

Vamos criar e treinar um modelo para a tarefa de classificação utilizando o XGboost

Passo 1: Importar as bibliotecas necessárias

```python
# Importação de bibliotecas
from sklearn.metrics import accuracy_score
import xgboost as xgb
from sklearn.model_selection import train_test_split
import numpy as np
import matplotlib.pyplot as plt
import pandas as pd
```

Passo 2: Carregar e dividir o conjunto de dados

```python
# dividir o conjunto de dados
dataset = pd.read_csv('Churn_Modelling.csv')
X = dataset.iloc[:, 3:13].values
y = dataset.iloc[:, 13].values
```

Passo 3: Converter colunas categóricas

Uma vez que o XGBoost pode lidar internamente com características categóricas. O código converte as colunas especificadas para o tipo de dados categóricos. Enquanto representa internamente as categorias com números inteiros, o tipo categórico mantém o significado semântico das categorias

```python
# Conversão de colunas categóricas
X['Geography'] = X['Geography'].astype('category')
X['Gender'] = X['Gender'].astype('category'
```

Saída:

```
<class 'pandas.core.frame.DataFrame'>
RangeIndex: 10000 entries, 0 to 9999
Data columns (total 10 columns):
 #   Column           Non-Null Count  Dtype
---  ------           --------------  -----
 0   CreditScore      10000 non-null  int64
 1   Geography        10000 non-null  category
 2   Gender           10000 non-null  category
 3   Age              10000 non-null  int64
 4   Tenure           10000 non-null  int64

 5   Balance          10000 non-null  float64
 6   NumOfProducts    10000 non-null  int64
 7   HasCrCard        10000 non-null  int64
 8   IsActiveMember   10000 non-null  int64
 9   EstimatedSalary  10000 non-null  float64
dtypes: category(2), float64(2), int64(6)
memory usage: 644.9 KB
```

Passo 4: Dividir o conjunto de dados em treino e teste

```
# Dividir o conjunto de dados
```

```
X_train, X_test, y_train, y_test = train_test_split(X,y, test_size=0.25,
random_state=0)
```

Passo 5: Converter o conjunto de dados em Dmatrix

O XGBoost apresenta a classe DMatrix, que optimiza a velocidade e a memória para um armazenamento eficaz do conjunto de dados. Para usar a API do XGBoost, os conjuntos de dados devem ser convertidos para esse formato. Os rótulos e os recursos de treinamento são aceitos pelo DMatrix. enable_categorical é definido como True para criptografar automaticamente as colunas de categoria do Pandas

```
# Conversão do conjunto de dados em matriz D
xgb_train = xgb.DMatrix(X_train, y_train, enable_categorical=True)
xgb_test = xgb.DMatrix(X_test, y_test, enable_categorical=True)
```

Passo 6: Criar o modelo XGboost

O código inicializa um modelo XGBoost com hiperparâmetros como um objetivo logístico binário, uma profundidade máxima de árvore de 3 e uma taxa de aprendizado de 0,1. Em seguida, ele treina o modelo usando o conjunto de dados `xgb_train` para 50 rodadas de boosting

```
# Criar modelo XGboost
n=50
params = {
    'objective': 'binary:logistic',
    'max_depth': 3,
    'learning_rate': 0.1,
}

model = xgb.train(params=params,dtrain=xgb_train,num_boost_round=n)
```

Etapa 7: Fazer previsões e avaliar

O código prevê etiquetas e depois converte as probabilidades previstas (preds) em etiquetas inteiras, permitindo uma comparação direta da precisão com as etiquetas verdadeiras.

```
# Fazer previsões e avaliar
preds = model.predict(xgb_test)
preds = preds.astype(int)
accuracy= accuracy_score(y_test,preds)
print('Accuracy of the model is:', accuracy*100
```

Saída:

```
A exatidão do modelo é de: 79.64
```

Em resumo, o Extreme Gradient Boosting, ou XGBoost, é uma máquina de aprendizagem que ganhou reconhecimento pela sua eficácia, velocidade e precisão. A sua qualidade extrema resulta dos componentes de regularização que incorpora, que inibem o sobreajuste e promovem a generalização. A robustez do XGBoost é demonstrada pela sua nova abordagem à construção de árvores, acesso consciente à cache e tratamento de dados em falta. Devido à sua adaptabilidade, escalabilidade e eficácia, o algoritmo é uma óptima opção para uma variedade de tarefas de aprendizagem automática, especialmente aquelas que requerem um grande volume de dados de treino. O seu sucesso contínuo nos torneios Kaggle realça ainda mais a sua importância. Através dos seus métodos fáceis de utilizar e da integração perfeita com Python, o XGBoost é uma ferramenta poderosa e acessível para criar modelos preditivos de alta qualidade.

2.2   Redes Neuronais Convolucionais para dados de imagem

As redes neuronais convolucionais (CNN) são um tipo de modelo de aprendizagem profunda normalmente utilizado em tarefas de visão computacional, como o reconhecimento de imagens e a deteção de objectos. Consistem em camadas convolucionais que extraem características de uma imagem de entrada, seguidas de camadas totalmente ligadas que fazem previsões com base nessas características. As CNN alcançaram o desempenho mais avançado em várias tarefas de visão computacional e foram aplicadas noutros domínios, como o processamento de linguagem natural. As redes neuronais convolucionais, ou CNN, são a escolha popular de redes neuronais para diferentes tarefas de visão computacional, como o reconhecimento de imagens. As CNN têm tido êxito numa vasta gama de tarefas de visão computacional, incluindo a classificação de imagens, a deteção de objectos e a segmentação. Têm sido aplicadas noutros domínios, como o reconhecimento da fala e o processamento da linguagem natural. Algumas aplicações notáveis das CNN incluem a tecnologia de reconhecimento facial, os automóveis autónomos e a análise de imagens médicas. Com o surgimento da aprendizagem profunda e das CNN, também se registou um aumento da investigação sobre a IA explicável (XAI) para compreender como estes modelos tomam decisões. Uma vez que as CNN podem ser consideradas "caixas negras" devido à sua arquitetura complexa, a XAI visa fornecer explicações para as suas previsões e criar confiança na sua utilização. Outra área de interesse é o desenvolvimento de ataques adversários e de defesas contra eles. Os ataques adversários implicam a introdução de pequenas alterações imperceptíveis numa imagem que podem fazer com que uma CNN a classifique incorretamente. Isto representa uma ameaça potencial em aplicações como os carros autónomos ou os sistemas de diagnóstico médico. A investigação sobre as defesas contra estes ataques está em curso para tornar as CNN mais robustas e fiáveis em cenários do mundo real. Em conclusão, os desenvolvimentos actuais e as possibilidades futuras das CNN mostram o seu potencial para continuar a revolucionar várias indústrias e domínios. À medida que trabalhamos no sentido de uma utilização e compreensão responsáveis destes modelos, eles desempenharão, sem dúvida, um papel crucial na construção do nosso mundo para melhor O nome "convolução" deriva de uma operação matemática que envolve a convolução de diferentes funções.

Existem 4 etapas ou fases principais na conceção de uma CNN:

Convolução: O sinal de entrada é recebido nesta fase

Subamostragem: As entradas recebidas da camada de convolução são suavizadas para reduzir a sensibilidade dos filtros ao ruído ou a qualquer outra variação

Ativação: Esta camada controla a forma como o sinal flui de uma camada para a outra, à semelhança dos neurónios no nosso cérebro

Totalmente conectada: Nesta fase, todas as camadas da rede estão ligadas com todos os neurónios de uma camada anterior aos neurónios da camada seguinte No domínio da aprendizagem profunda, as redes neuronais convolucionais (CNN) reinam supremas no domínio do processamento e reconhecimento de dados de imagem. A sua arquitetura e funcionalidades únicas permitem-lhes destacar-se em diversas tarefas, desde a classificação meticulosa do conteúdo de uma imagem à identificação e localização de objectos específicos e até à geração de imagens totalmente novas

Mergulhar na arquitetura:

À semelhança de outros modelos no panorama da aprendizagem profunda, as CNNs baseiam-se em camadas de unidades de processamento interligadas. No entanto, incorporam elementos arquitectónicos específicos especificamente concebidos para tirar partido das características inerentes aos dados de imagem:

A. Camadas convolucionais: O coração da extração de características: Estas camadas formam os blocos de construção centrais de uma CNN. Imagine uma grelha de filtros, também conhecidos como kernels, a deslizar meticulosamente pela imagem de entrada. Estes filtros funcionam como detectores de características, capazes de identificar e extrair características específicas como arestas, cantos ou mesmo texturas em diferentes escalas e posições dentro da imagem. À medida que os filtros se movem pela imagem, geram mapas de ativação, destacando a presença e a força das características detectadas em diferentes locais

B. Agrupamento de camadas: Reduzindo a complexidade e introduzindo invariância: A saída das camadas convolucionais pode ser bastante volumosa. As camadas de agrupamento resolvem este problema reduzindo a amostragem dos dados, reduzindo efetivamente a sua dimensionalidade. Isso não apenas melhora a eficiência computacional, mas também introduz um grau de invariância na rede. A invariância refere-se à capacidade da rede de manter seu desempenho mesmo quando há pequenas variações na imagem, como pequenos deslocamentos ou rotações. As técnicas comuns de agrupamento incluem o agrupamento máximo, que selecciona o valor máximo de uma região específica do mapa de ativação, e o agrupamento médio, que calcula a média dos valores de uma região

C. Camadas ligadas à polia: Juntando as peças: Após as fases de extração de características e de amostragem, a rede incorpora frequentemente camadas totalmente ligadas, semelhantes às que se encontram nas redes neuronais normais. Estas camadas actuam como o motor de tomada de decisões, pegando nas características extraídas das camadas anteriores e realizando as tarefas finais de classificação ou regressão com base nos padrões e relações aprendidos nos dados. Outros modelos de aprendizagem profunda, as CNNs baseiam-se numa poderosa técnica de aprendizagem chamada **retropropagação** para aperfeiçoar as suas capacidades. Durante o treino, a rede recebe uma imagem como entrada, processa-a através das camadas convolucionais e de pooling e gera um resultado, que pode ser uma classificação do conteúdo da imagem (por exemplo, "gato") ou a localização de objectos específicos na imagem (por exemplo, caixas delimitadoras à volta do rosto e das patas do gato). Em seguida, a rede compara o resultado gerado com o resultado real ou desejado (a "verdade básica").

Aplicações da CNN

Embora as CNNs tenham demonstrado grande sucesso em várias aplicações, ainda há desafios a enfrentar. Um dos principais desafios é a disponibilidade e a diversidade dos dados de treino, uma vez que as CNN necessitam de grandes conjuntos de dados para aprender. Além disso, é necessária mais investigação sobre a interpretabilidade e a robustez dos modelos de aprendizagem profunda. Os avanços na tecnologia de hardware, como os processadores especializados para a aprendizagem profunda e o aumento da capacidade de computação, também desempenharão um papel importante no futuro das CNN. À medida que continuamos a alargar os limites do que é possível com as CNN, é crucial considerar também as implicações éticas e trabalhar no sentido de uma utilização responsável em benefício da sociedade. As CNN são um modelo poderoso de aprendizagem profunda que tem dado contributos significativos para a visão computacional e outros domínios. À medida que a tecnologia continua a avançar, é provável que vejamos ainda mais aplicações de CNNs em várias indústrias e domínios. Com uma investigação contínua e uma utilização responsável, as CNN têm potencial para revolucionar ainda mais a forma como processamos e compreendemos os dados visuais

<u>**Convolução com Kernels e Padding em CNNs**</u>

As redes neuronais convolucionais (CNN) utilizam núcleos, também conhecidos como filtros, para extrair características das imagens. Estes núcleos efectuam uma operação de deslizamento através da imagem de entrada, multiplicando por elementos os valores dos pixels correspondentes e somando os produtos num único valor escalar. Esse valor é então passado para a próxima camada convolucional.

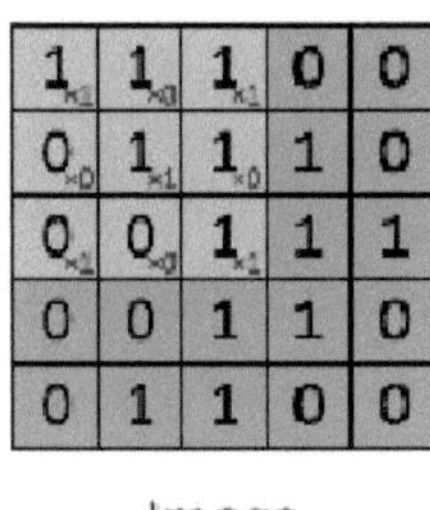

O passo do movimento do kernel determina a granularidade das características extraídas. Maiores passos levam à captura de características mais pequenas e mais específicas.

No entanto, uma abordagem de convolução padrão pode enfatizar demasiado as regiões centrais da imagem e negligenciar as áreas periféricas. Além disso, pode reduzir involuntariamente o tamanho da imagem devido à janela deslizante.

As CNNs utilizam kernels de convolução com valores ímpares de altura e largura, como 1, 3, 5 ou 7. A escolha de tamanhos ímpares de kernel tem

a vantagem que podemos preservar a vantagem que podemos **Exemplo de convolução de imagem** [fonte]

preservar x enquanto preenche com o mesmo número de linhas em cima e em baixo, e o mesmo número de colunas à esquerda e à direita

CNN PARA DADOS DE IMAGEM EM R UTILIZANDO KERNEL E KERAS

As seguintes bibliotecas de software são necessárias para esta análise: [list libraries]. Se estas bibliotecas não estiverem atualmente disponíveis no seu ambiente RStudio, proceda à sua instalação antes de continuar.

Começaremos a análise visualizando diretamente a segunda imagem de um espécime felino do conjunto de dados de treino. Para o efeito, será utilizado o painel Viewer do RStudio. A seleção da segunda imagem baseia-se nos conhecimentos obtidos a partir da primeira imagem do conjunto de dados.

```r
library(keras)

library(EBImage)
library(stringr)
library(pbapply)
```

Ler a imagem dos dados "train/cat.1.jpg"

```r
secondCat <- readImage("train/cat.1.jpg")
display(secondCat)
```

> Resultado
[1]

Definir imagem e extrair características da imagem

```r
width <- 50
height <- 50
extract_feature <- function(dir_path, width, height, labelsExist = T) {
img_size <- width * height
```

Listar imagens no caminho e selecionar

```r
## List images in path
images_names <- list.files(dir_path)
if(labelsExist){
## Select only cats or dogs images
catdog <- str_extract(images_names, "^(cat|dog)")
# Set cat == 0 and dog == 1
key <- c("cat" = 0, "dog" = 1)
y <- key[catdog]
}
print(paste("Start processing", length(images_names), "images"))
## This function will resize an image, turn it into greyscale
feature_list <- pblapply(images_names, function(imgname) {
## Read image
img <- readImage(file.path(dir_path, imgname))
## Resize image
img_resized <- resize(img, w = width, h = height)
## Set to grayscale (normalized to max)
grayimg <- channel(img_resized, "gray")
## Get the image as a matrix
img_matrix <- grayimg@.Data
## Coerce to a vector (row-wise)
img_vector <- as.vector(t(img_matrix))
return(img_vector)
})
## bind the list of vector into matrix
feature_matrix <- do.call(rbind, feature_list)
feature_matrix <- as.data.frame(feature_matrix)
## Set names
names(feature_matrix) <- paste0("pixel", c(1:img_size))
if(labelsExist){
return(list(X = feature_matrix, y = y))
}else{
return(feature_matrix)
}
}
```

```r
# processamento de ambos os conjuntos de dados (Traindata)
# Takes approx. 15min
trainData <- extract_feature("train/", width, height)


# Takes slightly less
testData <- extract_feature("test1/", width, height, labelsExist = F)


# Verificar se a transformação funcionou no segundo gato
```

```r
# Check processing on second cat
par(mar = rep(0, 4))
testCat <- t(matrix(as.numeric(trainData$X[2,]),
nrow = width, ncol = height, T))
image(t(apply(testCat, 2, rev)), col = gray.colors(12),
axes = F)
```

```r
# armazenar os dois quadros de dados num único objeto R
# Save
save(trainData, testData, file = "catdogData.RData")
```

```r
> Resultado
[1]
```

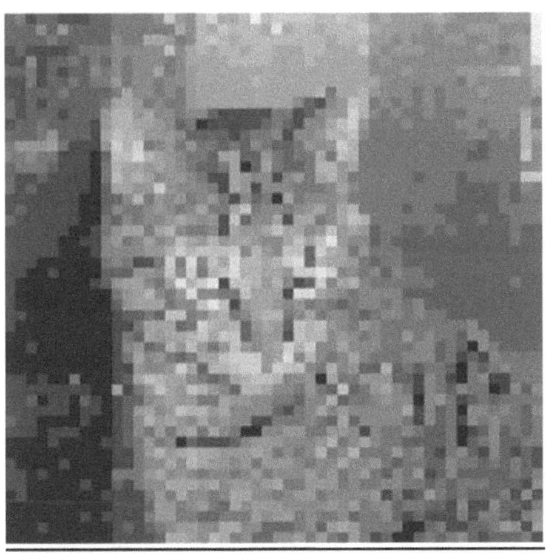

Embora os nossos resultados demonstrem um elevado nível de precisão na identificação de gatos neste conjunto de dados específico, é importante reconhecer as limitações. A presença de imagens ambíguas em ambos os conjuntos de dados e a redução significativa do tamanho da imagem (reduzida para 50x50 pixéis) podem potencialmente complicar a tarefa de reconhecimento em cenários do mundo real.

Pontos fortes das CNNs: Porque é que se destacam no processamento de imagens:

Extração eficiente de características: As camadas convolucionais, com os seus filtros habilmente concebidos, aliviam a necessidade de engenharia manual de características, um processo fastidioso e específico do domínio nos métodos tradicionais de processamento de imagens. Ao identificar e extrair automaticamente características relevantes diretamente dos dados de imagem, as CNN melhoram significativamente a eficiência e a eficácia.

Invariância espacial: As camadas de pooling desempenham um papel crucial na introdução de um certo grau de invariância a pequenas variações na imagem, como pequenos deslocamentos ou rotações. Isto torna a rede menos suscetível à influência de tais variações, permitindo-lhe um desempenho consistente mesmo quando lhe são apresentadas imagens que podem não estar perfeitamente alinhadas ou capturadas do mesmo ângulo.

Partilha de parâmetros: Um aspeto fundamental das CNNs que contribui para a sua eficiência é a **partilha de parâmetros**. Os pesos nos filtros convolucionais são partilhados entre diferentes localizações espaciais da imagem de entrada. Isto reduz significativamente o número total de parâmetros que a rede precisa de aprender em comparação com uma rede totalmente ligada com o mesmo número de camadas. Isto não só melhora a velocidade de formação, como também ajuda a evitar o sobreajuste, um desafio comum na aprendizagem automática em que o modelo se concentra demasiado nos dados de formação e tem um desempenho fraco em dados não vistos.

2.   3REDE NEURAL RECORRENTE   PARA   DADOS SEQUENCIAIS

As RNNs são redes com loops que permitem a persistência da informação. Ao contrário das redes neurais feedforward, as RNNs têm uma "memória" que captura informações sobre o que foi calculado até o momento. Isto torna-as adequadas para o processamento de dados sequenciais, como séries temporais, reconhecimento de voz e linguagem natural. As RNNs são um tipo poderoso e robusto de rede neural e pertencem aos algoritmos mais promissores em uso porque são o único tipo de rede neural com uma memória interna. Tal como muitos outros algoritmos de aprendizagem profunda, as redes neuronais recorrentes são relativamente antigas. Foram inicialmente criadas na década de 1980, mas só nos últimos anos é que vimos o seu verdadeiro potencial. O aumento do poder computacional, juntamente com as enormes quantidades de dados com que temos agora de trabalhar e a invenção da memória de curto prazo longa (LSTM) na década de 1990, trouxe realmente as RNN para o primeiro plano. Devido à sua memória interna, as RNNs podem lembrar-se de coisas importantes sobre o input que receberam, o que lhes permite ser muito precisas na previsão do que virá a seguir.

Os dados são sequenciais: Isto significa que os pontos de dados têm uma ordem específica e que a ordem pode influenciar o resultado. Os exemplos incluem frases numa língua, dados financeiros ao longo do tempo ou peças musicais.

A relação entre os elementos: Compreender as ligações entre os elementos da sequência é crucial para a tarefa. Por exemplo, na tradução de línguas, o significado de uma palavra depende das palavras que a rodeiam na frase. As RNNs destacam-se em várias aplicações devido à sua capacidade de recordar informações passadas e de as utilizar para processar os elementos actuais da sequência. Eis alguns exemplos comuns:

Processamento de linguagem natural (PNL): Tarefas como a tradução automática, a análise de sentimentos, a geração de texto e o reconhecimento de voz dependem fortemente das RNNs.

Previsão de séries temporais: A previsão de valores futuros numa sequência, como preços de acções, padrões meteorológicos ou números de vendas, é uma aplicação comum das RNNs.

Geração de música: As RNNs podem ser utilizadas para gerar novas peças musicais, aprendendo os padrões e estilos da música existente.

Como funcionam as redes neurais recorrentes?

As redes neuronais actuais (RNN) são um tipo de rede neuronal concebida para tratar dados sequenciais, como texto, voz ou dados de séries temporais. Ao contrário das redes neuronais feedforward tradicionais, as RNNs têm uma estrutura única que lhes permite "recordar" informações de entradas anteriores, permitindo-lhes fazer previsões com base no contexto.

Camada de entrada: A primeira camada recebe o elemento inicial da sequência de dados.

Camada oculta: Esta camada é o núcleo da RNN. Contém um loop que permite que a informação persista em diferentes passos de tempo. A camada oculta processa a entrada atual juntamente com a informação retida das entradas anteriores. Esta "memória" é crucial para compreender o contexto da sequência.

Camada de saída: Com base na informação processada da camada oculta, a camada de saída gera uma previsão ou saída relevante para o elemento atual da sequência.

Looping: O aspeto fundamental das RNNs é o facto de a saída da camada oculta ser realimentada como entrada para a mesma camada no passo de tempo seguinte. Isto cria um ciclo, permitindo que a rede considere a entrada atual no contexto da informação anterior. Para compreender corretamente as RNNs, é necessário um conhecimento prático das redes neuronais feed-forward "normais" e dos dados sequenciais.

Os dados sequenciais são basicamente dados ordenados em que coisas relacionadas se seguem umas às outras. Exemplos disso são os dados financeiros ou a sequência de ADN. O tipo mais popular de dados sequenciais são talvez os dados de séries cronológicas, que são apenas uma série de pontos de dados listados por ordem cronológica.

<u>RECORRENTE VS. REDES NEURONAIS FEED-FORWARD</u>

As RNNs e as redes neurais feed-forward recebem os seus nomes devido à forma como canalizam a informação.

Numa rede neuronal feed-forward, a informação só se move numa direção - da camada de entrada, através das camadas ocultas, até à camada de saída. A informação move-se diretamente através da rede.

As redes neurais feed-forward não têm memória da entrada que recebem e são más a prever o que virá a seguir. Como uma rede feed-forward considera apenas a entrada atual, não tem noção de ordem no tempo. Simplesmente não se consegue lembrar de nada do que aconteceu no passado, exceto do seu treino. Numa RNN, a informação passa por um ciclo. Quando toma uma decisão, considera a entrada atual Uma RNN normal tem uma memória de curto prazo. Em combinação com uma LSTM, têm também uma memória de longo prazo (veremos isso mais adiante). Uma rede neural recorrente, no entanto, pode lembrar-se desses caracteres devido à sua memória interna. Produz resultados, copia esses resultados e volta a inseri-los na rede

Resumindo: as redes neuronais recorrentes acrescentam o passado imediato ao presente.

Por conseguinte, uma RNN tem duas entradas: o presente e o passado recente. Isto é importante porque a sequência de dados contém informações cruciais sobre o que virá a seguir, e é por isso que uma RNN pode fazer coisas que outros algoritmos não podem. Uma rede neural feed-forward atribui, como todos os outros algoritmos de aprendizagem profunda, uma matriz de pesos às suas entradas e, em seguida, produz a saída. Observe que as RNNs aplicam pesos à entrada atual e também à anterior. Além disso, uma rede neural recorrente também ajusta os pesos para a descida do gradiente e a retropropagação ao longo do tempo Tipos de redes neurais recorrentes (rnns)

Tipos de RNNs

Uma rede neuronal de muitos-para-muitos recebe uma sequência de entradas múltiplas e prevê uma sequência de saídas múltiplas. Este tipo de rede é frequentemente implementado utilizando uma arquitetura específica designada por codificador-descodificador

Um para um é uma rede neural simples. É normalmente utilizada para problemas de aprendizagem automática que têm uma única entrada e uma única saída.

Um-para-muitos tem uma única entrada e múltiplas saídas. É utilizado para gerar legendas de imagens.

O método "muitos-para-um" utiliza uma sequência de entradas múltiplas e prevê uma única saída. É popular na classificação de sentimentos, em que a entrada é um texto e a saída é uma categoria.

O método "muitos-para-muitos" implica múltiplas entradas e saídas. A aplicação mais comum é a tradução automática.

Note-se também que, enquanto as redes neuronais feed-forward mapeiam uma entrada para uma saída, as RNN podem mapear uma para muitas, muitas para muitas (tradução) e muitas para uma (classificação de uma voz).

Redes neurais recorrentes e retropropagação no tempo. Para entender o conceito e o princípio da retropropagação no tempo (BPTT), é preciso entender primeiro os conceitos de avanço e retropropagação. Poderíamos gastar um artigo inteiro discutindo esses conceitos, então tentarei fornecer uma definição o mais simples possível

O que é a retropropagação?

A retropropagação (BP ou backprop) é conhecida como um algoritmo de trabalho na aprendizagem automática. O backpropagation é utilizado para calcular o gradiente de uma função de erro em relação aos pesos de uma rede neuronal. O algoritmo retrocede através das várias camadas de gradientes para encontrar a derivada parcial dos erros em relação aos pesos. O Bp utiliza então estes pesos para diminuir as margens de erro durante o treino. Nas redes neuronais, faz-se basicamente a propagação para a frente para obter a saída do modelo e verificar se esta saída está correcta ou incorrecta, para obter o erro. A retropropagação nada mais é do que retroceder na rede neural para encontrar as derivadas parciais do erro em relação aos pesos, o que permite subtrair esse valor dos pesos. Essas derivadas são então utilizadas pelo gradiente descendente, um algoritmo que pode minimizar iterativamente uma determinada função. Em seguida, ajusta os pesos para cima ou para baixo, dependendo do que diminui o erro. É exatamente assim que uma rede neuronal aprende durante o processo de formação. Assim, com a retropropagação, tenta-se basicamente ajustar os pesos do modelo durante o treino.

Problemas comuns das redes neuronais recorrentes

Embora as RNNs tenham sido um fator de diferença na aprendizagem profunda, há algumas questões a ter em conta (i) Gradientes explosivos (ii) Gradientes que desaparecem (iii) Processo de formação complexo

(iv) Dificuldade com sequências longas (v) Métodos ineficientes

Vantagens das Redes Neuronais Recorrentes

As vantagens das redes neuronais recorrentes ofuscam todos os desafios. Eis algumas razões pelas quais as RNNs aceleraram a inovação da aprendizagem automática:

Memória alargada: As RNNs podem lembrar-se de entradas e saídas anteriores, e esta capacidade é melhorada com a ajuda das redes LSTM.

Maior exatidão: As RNNs são capazes de aprender com experiências passadas, podendo fazer previsões exactas.

Experiência em dados sequenciais e grande versatilidade: Os RNNs compreendem o aspeto temporal dos dados, o que os torna ideais para o processamento de dados sequenciais. Podem tratar dados sequenciais como séries temporais, áudio e fala, o que lhes confere uma vasta gama de aplicações

Redes Neuronais Recorrentes e Memória de Longo Prazo (LSTM)

As redes de memória de curto prazo (LSTMs) são uma extensão das RNNs, que basicamente estende a memória. É adequada para aprender com experiências importantes que têm desfasamentos temporais muito longos entre si.

As redes de memória de curto prazo (LSTM) são uma extensão das RNN que alargam a memória. As LSTMs são utilizadas como blocos de construção para as camadas de uma RNN. As LSTMs atribuem "pesos" aos dados, o que ajuda as RNNs a deixar entrar novas informações, a esquecer informações ou a dar-lhes importância suficiente para afetar o resultado.

As unidades de um LSTM são utilizadas como unidades de construção para as camadas de um RNN, frequentemente designado por rede LSTM.

Os LSTMs permitem que os RNNs se lembrem das entradas durante um longo período de tempo.

<u>Codificação de uma RNN - LSTM</u>

Uma unidade LSTM é composta por uma célula que contém informação de longo prazo e três portas que gerem essa informação:

Porta de esquecimento: Decide que informação da célula deve ser descartada (0 = esquecer, 1 = manter)

Porta de entrada: Determina a quantidade de informação nova a adicionar à célula.

Porta de saída: Selecciona as informações da célula a incluir na saída.

2. Codificação do LSTM: O código específico dependerá da biblioteca escolhida (TensorFlow, Keras, etc.).

Libraries

```
import tensorflow as tf

model = tf.keras.models.Sequential()


Dense = tf.keras.layers.Dense
Dropout = tf.keras.layers.Dropout
LSTM = tf.keras.layers.LSTM

## Dataset
mnist_data = tf.keras.datasets.mnist # mnist is a dataset of 28x28 images of handwritten
digits and their labels with 60,000 rows of data

## Create train and test data
(x_train, y_train),(x_test, y_test) = mnist_data.load_data()

x_train = x_train/255.0 # Normalize training data features
x_test = x_test/255.0 # Normalize training data labels

# The images are 28x28 pixels of unassigned integers in the range of 0 to 255. The above
#normalization code is not necessary and can still be passed on to compile.
# However, the #accuracy will be much worse of at around 20% best case scenario and loss
at over 90%. The #training time will also increase.

model.add(LSTM(256, activation='relu', return_sequences=True))
model.add(Dropout(0.2))
model.add(LSTM(256, activation='relu'))
model.add(Dropout(0.1))
model.add(Dense(32, activation='relu'))
model.add(Dropout(0.2))
model.add(Dense(10, activation='softmax'))

optimizer = tf.keras.optimizers.Adam(lr=1e-4, decay=1e-6)

# Compile model
model.compile(
  loss='sparse_categorical_crossentropy',
  optimizer=optimizer,
  metrics=['accuracy'],
)

# The specification of loss='sparse_categorical_crossentropy' is very important here as our
targets are # integers and not one-hot encoded categories.
model.fit(x_train,
  y_train,
  epochs=4,
  validation_data=(x_test, y_test))
```

RESULTADO

```
Epoch 1/4
60000/60000 [==============================] - 278s
5ms/sample - loss: 0.9960 - acc: 0.6611 - val_loss: 0.2939 -
val_acc: 0.9013

Epoch 2/4
60000/60000 [==============================] - 276s
5ms/sample - loss: 0.2955 - acc: 0.9107 - val_loss: 0.1523 -
val_acc: 0.9504

Epoch 3/4
60000/60000 [==============================] - 273s
5ms/sample - loss: 0.1931 - acc: 0.9452 - val_loss: 0.1153 -
val_acc: 0.9641

Epoch 4/4
60000/60000 [==============================] - 270s
4ms/sample - loss: 0.1489 - acc: 0.9581 - val_loss: 0.1076 -
val_acc: 0.9696
```

INFERÊNCIA DE RESULTADOS

O modelo apresenta uma melhoria significativa entre épocas.

A perda de formação passa de 0,996 para 0,1489.

A exatidão do treino aumenta de 0,6611 para 0,9581.

A perda de validação e a precisão também melhoram de forma constante, o que sugere que o modelo está a generalizar bem e não está a sobreajustar os dados de treino.

A perda de validação passa de 0,2939 para 0,1076.

A exatidão da validação aumenta de 0,9013 para 0,9696.

Globalmente: Com base nestes dados limitados, a formação parece ser bem sucedida.

O modelo está a aprender e a melhorar a sua capacidade de fazer previsões precisas.

Referências

[1] Raj-man, M., Besançon, R. (1998). Text Mining: Técnicas de linguagem natural e extração de textos

aplicações. Em: Spaccapietra, S., Maryanski, F. (eds) Data Mining and Reverse Engineering. IFIP - Federação Internacional de Processamento de Informação. Springer, Boston, MA. https://doi.org/10.1007/978-0-387-35300-5_3.

[2] Salton G. e Buckley C. (1988) Term Weighting Approaches in Automatic Text Retrieval. *Information Processing and Management*, 24: 5, 513-523.

[3] Rajman M. and Besançon R. (1997) A Lattice Based Algorithm for Text Mining. Relatório técnico TR-LIA-LN1/97, Instituto Federal Suíço de Tecnologia.

[4] Feldman R. e Hirsh H. (1997) Finding Associations in Collections of Text. Em Michalski R.S., Bratko I. e Kubat M. (edts) *Machine Learning, Data Mining and Knowledge Discovery: Methods and Application* (John Wiley and sons Ltd).

[5] Feldman R. and Hirsh H. (1996) Mining Associations in Text in the Presence of Background Knowledge. In *Proc. of the 2nd Mt. Conf. on Knowledge Discovery*.

[6] Fayyad U.M., Piatetsky-Shapiro G. e Smyth P. (1996) From Data Mining to Knowledge Discovery: An Overview. Em *Advances in Knowledge Discovery and Data Mining*. AAAI Press/The MIT Press.

[7] Džerovski S. (1996) Inductive logic programming and Knowledge Discovery in Databases. Em *Advances in Knowledge Discovery and Data Mining*. AAAI Press/The MIT Press.

[8] Daille B. (1994) Study and Implementation of Combined Techniques for Automatic Extraction of Terminology. In *Proc. da 32ª Reunião Anual da Associação para a Linguística Computacional*.

[9] Brill E. (1992) A Simple Rule-Based Part-of-Speech Tagger. In *Proc. of the 3rd Conf. on Applied Natural Language Processing*.

[10] Sneh Prabha, Neetu Sardana,Question Tags or Text for Topic Modeling: Which is better,Procedia Computer Science,Volume 218,2023,Pages 2172-2180,ISSN 1877-0509,https://doi.org/10.1016/j.procs.2023.01.193.

[11] Asmussen, C.B., Møller, C. Revisão inteligente da literatura: uma abordagem prática de modelação de tópicos para a revisão exploratória da literatura. *J Big Data* **6**, 93 (2019). https://doi.org/10.1186/s40537-019-0255-7.

[12] Wu, X., Nguyen, T. & Luu, A.T. A survey on neural topic models: methods, applications, and challenges. *Artif Intell Rev* **57**, 18 (2024). https://doi.org/10.1007/s10462-023-10661-7.

[13] Bingshan Zhu, Yi Cai, Haopeng Ren,Graph neural topic model with commonsense knowledge,Information Processing & Management,Volume 60, Issue 2,2023,103215,ISSN 0306-4573,https://doi.org/10.1016/j.ipm.2022.103215.

[14] Bordoloi, M., Biswas, S.K. Sentiment analysis: A survey on design framework, applications and future scopes. *Artif Intell Rev* **56**, 12505-12560 (2023). https://doi.org/10.1007/s10462-023-10442-2.

[15] Zhu H, Zheng Z, Soleymani M, Nevatia R (2022) Aprendizagem auto-supervisionada para análise de sentimentos através da correspondência imagem-texto. Em: ICASSP 2022-2022 Conferência internacional do IEEE sobre acústica, fala e processamento de sinais (ICASSP). IEEE, pp 1710-1714.

[16] Yavari, A., Hassanpour, H., Rahimpour Cami, B., & Mahdavi, M. (2022). Previsão eleitoral baseada na análise de sentimentos usando dados do Twitter. *International Journal of Engineering, 35*(2), 372-379. doi: 10.5829/ije.2022.35.02b.13.

[17] Ogundunmade TP, Abidoye M, Olunfunbi OM. Modelagem do preço do aluguel de moradias residenciais usando modelos de aprendizado de máquina. Mod Econ Manag, 2023; 2: 14.

[18] T. P. Ogundunmade, A. O. Daniel, and A. M. Awwal, "Modelling Infant Mortality Rate using Time Series Models", Int. J. Data. Science, vol. 4, no. 2, pp. 107-115, Dec. 2023.

[19] Ogundunmade, T.P., Adepoju, A.A. (2023). Previsão da natureza dos ataques terroristas na Nigéria usando o modelo de rede neural bayesiana. Em: Awe, O.O., Vance, E.A. (eds) Métodos e Práticas Sustentáveis de Estatística e Ciência de Dados. STEAM-H: Ciência, Tecnologia, Engenharia, Agricultura, Matemática e Saúde. Springer, Cham. https://doi.org/10.1007/978-3-031-41352-0_14.

[20] Ayansola OA, Ogundunmade TP, Adedamola AO. Modelagem da vontade de pagar pelo fornecimento de eletricidade usando a abordagem de aprendizado de máquina. Mod Econ Manag, 2022; 1: 9. DOI: 10.53964/mem.2022009

[21] Ogundunmade TP, Adepoju AA, Allam A. Stock price forecasting: Modelos de aprendizado de máquina com abordagens de validação cruzada K-fold e repetida. Mod Econ Manag, 2022; 1: 2. DOI: 10.53964/mem.2022001.

[22] Ogundunmade TP, Adepoju AA. O desempenho da rede neural artificial usando funções de transferência heterogêneas. Int J Data Sci, 2021; 2: 92-103. DOI: 10.18517/ ijods.2.2.92-103.2021.

[23] Adepoju AA, Ogundunmade TP. Economic Growth and its Determinant: Uma evidência entre países. Statistical Trans New Ser, 2019; 20: 69-84. DOI: 10.21307/ stattrans-2019-015.

[24] Ogundunmade TP, Adepoju AA, Allam A. Predicting crude oil price in Nigeria with machine learning models (Previsão do preço do petróleo bruto na Nigéria com modelos de aprendizagem automática). Mod Econ Manag, 2022; 1: 4. DOI: 10.53964/mem.2022004.

[25] Ogundunmade TP, Adepoju AA. Modelagem de preços de gás liquefeito de petróleo na Nigéria usando modelos de aprendizado de máquina de séries temporais. Mod Econ Manag, 2022; 1: 5. DOI: 10.53964/mem.2022005.

[26] A. A. Adepoju, T. P. Ogundunmade, and G. O. Adenuga, "The Performance of Drought Indices on Maize Production in Northern Nigeria Using Artificial Neural Network Model", *Int. J. Data. Science*, vol. 5, no. 1, pp. 19-32, Jun. 2024.

[27] O. A. Odeniyi, M. E. Adeosun e T. P. Ogundunmade, "Prediction of terrorist activities in Nigeria using machine learning models", *Innovations*, vol. 71, pp. 87-96, Dez. 2022.

[28] TP. Ogundunmade, Over-fitting amelioration in Bayesian Neural Network model estimation using heterogeneous activation functions. Tese. Faculdade de Pós-Graduação, Universidade de Ibadan (2023).

ÍNDICE DE CONTEÚDOS

Printed by Books on Demand GmbH, Norderstedt / Germany